Flügelgetragen

Gedichte

Anne Böckmann

Die Autorin

Anne Böckmann lebt und arbeitet als
Buchhändlerin in Lilienthal bei Bremen.
„Flügelgetragen" ist die erste
Veröffentlichung ihrer Gedichte.

November 2001
Selbstverlag Anne Böckmann
Alle Rechte liegen bei der Autorin

©2001 Anne Böckmann Lilienthal
Gesamtgestaltung: Corinna Böckmann
Herstellung: Books on Demand GmbH
Printed in Germany

ISBN 3-8311-2370-5

Inhalt

Das seufzende Blatt

Ein Blatt
ist leer,
weiß
bis dann...
Buchstaben sich fügen
zu
Wörtern,
Sätzen,
sich überschlagen,
halt,
nicht so schnell,
das Blatt
seufzt und stöhnt,
bis dann...
alles ausgesprochen,
alles geschrieben.
Das Blatt
ist nicht mehr weiß,
ist nicht mehr leer,
ist glücklich.

Am Meer

Wolken wie Federn
und Drachen
so bunt,
so groß, so klein,
so hoch am Himmel
und hoch und höher
und steigen um die Wette
mit den Wolken
wie Federn,
wie Watte,
wie Kugeln,
und ich laufe gegen die Wellen,
die Sonnenstrahlen,
laufe um die Wette
mit den Drachen,
so bunt, so hoch
mit den Wolken,
die sich auflösen
in Blau.

Frühlingsaugenblicke

Frühlingsaugenblicke,
zartes Grün
an dunklem Wintergeäst,
Seelenknospen
öffnen sich,
ich spüre
schmetterlingsgleiches
Schweben,
Meereswellen
auf meiner Haut.
Energieströme
schwingen
durch meinen Körper.
Gedanken
voller Liebe
gehen auf die Reise,
wohin?

Sommerlüfte

Ein Meer
von Mohnblumen
in praller Rotglut,
wogende Grashalme,
gelbe Farbexplosionen,
Duft von Flieder
und Jasmin,
zärtlich streichelnde Sommerlüfte
auf meiner Haut,
der Geruch des nahen Meeres,
salzig, vertraut,
vom Deich aus
ein schmaler Silberstreifen
am Horizont.
Inseln mit wippendem Schilf
und Nestern
voller Geborgenheit:
Augenblicke des Glücks.

Altweibersommersonnenfäden

Sturm
pfeift durch Fensterritzen,
in umhüllender Dunkelheit
spüre ich
wohliges Wogen
weißer Tüllgardinen,
gewebte
Altweibersommersonnenfäden,
aufgelöste Nachtschwere.
Der Mond
beleuchtet die Bühne
meiner Träume.
Gedankenverflochtene
Seelennester
aus
flirrendem Vergangenen,
schlafvernebelte Liebessehnsüchte,
wehende Wolkenschleier
über Sommerwiesen.
Es ist taghelle Nacht.

Fieberbahn

Auf der Fieberbahn
des Lebens
werden
Gefühle
auf Bahnhöfen geparkt.
Seelenkrank
sausen Menschen
in den Abgrund,
hoffen angeseilt
auf den Schwung nach oben,
dabei ist längst
die Parkuhr
auf dem Seelenbahnhof
abgelaufen,
Gefühle abgeschleppt,
müssen wieder
ausgelöst werden.

Olivenbäume

Olivenbäume
knorrig lächelnde Fratzen
umhüllt
eingelullt
in gelb, blau, rot
sonnengierig
mondsüchtig,
ein Rausch
in
umarmender Landschaft.

Flügelgetragen

Rituale
im Alltag,
scharf abgegrenzt
wie Scherenschnitte,
nebelverhangen
darin
die Gefühle,
die Sehnsucht
auszubrechen,
flügelgetragen
Zeit zu überwinden,
Augenblicke
neu zu ordnen,
scharf geschnittene Kanten
abzurunden,
Liebe
einfach zu leben,
im Alltag
ohne Rituale,
einfach so.

Fasse deine Träume in Farben

Fasse deine Träume
in Farben,
ungesagtes wird lebendig,
Glück wird bunt,
der Pinsel regiert.

Fasse deine Träume
in Farben,
schwarz für Traurigkeit,
rot für die Liebe
oder umgekehrt?

Fasse deine Träume
in Farben,
leg deine Seele bloß
für dich,
damit ungesagtes dir klar wird.

Fasse deine Träume
in Farben
wenn du allein bist
wenn du dich einsam fühlst
berausche dich
in Farbträumen.

Zeit

Die Zeit umarmen
welch zärtlicher Gedanke
voller Liebe
voller Hingabe
voller Glück
mit einem Tropfen
Wehmut,
man kann sie nicht
festhalten.

Zeitpunkte

Zeitgepunktetes Leben
Lebenszeit
Zeitpunkte
bilden ein Muster
aus hellen
und dunklen Punkten,
verwischt
zu einer Linie,
herzförmig,
rund
verbindet sie unsere Seelen,
die Liebe,
das i Tüpfelchen,
auch ein Punkt
in unserer Lebenslinie,
wird groß
und größer,
wird unabhängig
von Zeit.

Zeitgestrüpp

Zeitstürme
sausen
durch mein Sein,
der Zeiger
meiner Seelenuhr
zittert,
Sekunden, Minuten, Stunden
brausen
durch ein Zeitgestrüpp.
Wenn du bei mir bist,
soll es
undurchdringlich
werden.

Zeittropfen

Augenblicke
fallen wie
Zeittropfen
in meine Seele.
Küsse
Umarmungen
Zärtlichkeiten ...
halt
nicht so schnell!
Augenblicke
sind
Zeittropfen
im Leben.

Augenblicke

Augen-Blicke
blinzeln
erwachen
erhaschen
den Augenblick
einer glutroten Sonne
am Himmel,
der Tag beginnt,
Leben bewegt sich,
Augenblicke
reihen sich
an Augenblicke,
ich hoffe,
ich sehne mich,
ich liebe
diese Augenblicke des Glücks,
wenn alles mich an dich
erinnert:
die Sonne
der Tag
der Mond
Schmetterlinge
Frühlingsahnen
eben alles.

Halt, warte!

Wie ein Bogen
umspannt sie das Leben,
die Zeit,
liebevoll
lustvoll
leidvoll,
nicht bestechlich,
immer im gleichen Rhythmus.
Halt, warte einen Moment,
es ist gerade so schön
zu leben,
zu lieben.
Der Uhrzeiger
zieht seine Bahn,
die Zeit durchfurcht
das Leben,
planvolllos
so oder so,
sie ist immer da,
bereit zum Füllen
mit wunderbaren Momenten,
leidvollen Augenblicken,
Naturwundern,
Wahrnehmungen hier und dort.
Die Zeit,
eine Freundin,
zu der man so oft sagen möchte:
Halt, warte!...
es ist gerade so schön.

Bunte Gedanken

Bunte Gedanken,
farbige Träume
eingelullt in schillernden
Seifenblasen,
schweben durch Wolken
um die Wette
mit großen, kleinen Drachen
schneller, immer schneller
fliegen sie
losgelöst von allem
grauen,
schmetterlingsgleich
himmelwärts,
abwärts
und landen in
Zärtlichkeit.

Ein Mädchen

Ein Mädchen
blondbezopft,
voller Vertrauen
in die Menschen,
die Anderen,
ohne die sie sich ein Leben
nicht vorstellen kann.
Menschen
wie Wörter,
die erst leben,
wenn sie aneinandergereiht
Sätze ergeben.
Ein Mädchen im Krieg,
sprachlos,
inmitten von Anderen
voller Angst
voller Zweifel
in der Enge und Dunkelheit
eines Bunkers.
Menschen, Wörter ...
Schokolade
ein Zauberwort,
verhängnisvolles Vertrauen,
allein mit einem Soldaten
in Trümmern.
Tränen und Schreie
verhindern Schlimmstes,
Glück gehabt.
Glück, was ist das?
Hunger nach Liebe,
nach geliebt werden,

Harmonie
Familie.
Ein Mann taucht auf,
ein Fels in der Brandung,
Angelpunkt von Glückseligkeit
Vertrauen
Familienharmonie,
gelungene Mischung
von Gehofftem, Gewünschtem.
Ein Mißklang
zerstört diese Komposition,
der Fels wankt,
schmettert Vertrauen ab,
wird brüchig.
Traurigkeit
Verzweiflung
ein tiefes Loch.
Wie war das
mit dem Vertrauen,
der Sehnsucht nach Liebe?
Gescheitert?
Hoffnung bleibt.

Eine ganz besondere Liebe

Eine ganz besondere Liebe
schon lange,
heute
unter einem glutroten
Morgenhimmel,
in froher Erwartung,
augenschweifend
über schneeglänzende Felder,
Rauhreifbäume
erwarte ich dich,
dann bist du da.
Berührungen,
Nähe,
Glück,
nur der Augenblick zählt.
Sehnsüchte lösen sich auf
in Musik.
Wir sind eins,
du und ich.

Donnergrollen

Donnergrollen
an einem Sonntag
im April,
Blitze zucken
durch
dunkelgraue Wolken,
weitgeöffnete Dachfenster,
der Pinsel
fegt über die Leinwand.
Donner
Blitz
Hagelkörner
sturmgepeitschter Regen,
Nässe wie Tränen
auf meiner Haut,
gelb
rot
blau
Farben der Sehnsucht,
sehnlich gewünschte Nähe,
Donnergrollendes
Blitzerhellendes
entweicht
durch das
weit geöffnete Dachfenster.

Auf den Punkt gebracht

In Stein gehauene
Gedanken
geschlagen,
gestreichelt,
begradigt,
auf den Punkt gebracht,
wie meine Liebe.
Himmel
Blätter
Blüten
Schmetterlinge
Gerüche
bilden die Werkstatt
durchsichtiger
gedachter
Illusionen,
Träume,
in Stein gehauen.

Einfach so

Liebe,
ein mächtiges Gefühl
über mir,
durch mich,
in mir,
es ist da
einfach so,
leicht und schwer,
weil es nicht sein darf,
weil du dich wehrst,
du hast Angst,
Angst vor Gefühlen.
Ich bitte dich,
sieh es so,
was es ist,
wie es ist
nämlich Liebe
leicht und schwer,
einfach so.

Neulich in der Nacht

Neulich
in der Nacht
öffnete ich die Tür,
schaute
in einen runden
leuchtenden Mond,
dann lehnte ich mich
gegen die Klingel
neben mir
und stellte mir vor,
du seist gekommen.

Wellen der Liebe

Es ist eine Liebe in mir
sanft wie eine Feder,
gewaltig wie ein Vulkanausbruch,
sie treibt mich voran
wie ein reißender Strom.
Erinnerungen
sind ein bißchen
wie Kurzsichtigkeit,
verschwommene Ränder
eines gelebten Lebens,
wie Fotos
im Anfangsstadium der Entwicklung,
die Jahre sausen dahin
wie ein Boot,
das pfeilschnell
die Wellen durchtrennt.
Wellen der Liebe,
die überschwappen
ins Leere?
Du bist mein Leben.
Wie ein drohendes Gespenst
liegt die Zeit vor mir,
in der es nicht mehr so sein kann.
Gedanken und Träume
spielen mit mir,
wie schillernde Seifenblasen
segeln sie durch
meine Seele,
landen
im Jetzt.

Verwobene Seelen

Liebesmiteinander
du und ich
im Jungsein,
am Rande des Jungseins,
ich und du
glücklich
miteinander.
Lachen am Telefon,
Vertrauen,
Liebe uneingeschränkt?
eine Liebe
ohne den Schlüssel
für die Truhe
deiner eingesperrten Gefühle,
miteinander verwobene Seelen
du und ich,
durch die Anderen
verbannt in die Heimlichkeit.

Musikalische Liebesfäden

Musikalische Liebesfäden
umgarnen mich,
umschmeicheln meine Seele,
lassen mich
im Tanz wiegen
mit dir,
überall
immer,
wo du auch bist,
Erinnerungen
lassen mich deine Nähe spüren
überall
immer.
Worte am Telefon
klingen nach
überall
immer,
die Sehnsucht nach dir
ist Teil meines Lebens
überall
immer.

Liebesworte

Liebe
Worte
Liebesworte
Wortliebe
voller Emotionen
Gefühle,
beliebig lieben
einen lieben
geliebt werden
von einem
nur du,
Traum
Utopie,
ich träume,
es ist so.

Mondwellen

Blaue Mondwellen
rollen in den Morgen,
Träume
über die Ewigkeit
und einen Tag.
Strandgeflüster,
schenk mir diesen einen
Augenblick.
Vergangenheit
ist immer gegenwärtig,
ich seh dich
mit geschlossenen Augen.
Warum ist nicht alles
so geworden,
wie es werden sollte?
Warum haben wir nicht gelernt
zu lieben?
Nur ein Film!
Warum hab ich das Gefühl,
du könntest es auch sagen,
in diesem Moment
der blauen Mondwellen.

mützenmond

mützenmond
mondsichel
sicheliges weiß in blau
kugelwolkiger
blaugrauer
horizont
spätsommersonnenregen
rieselt
auf mein gesicht
zaubernde traumgedanken
sind bei dir
bauen ein mondhaus
für unsere liebe

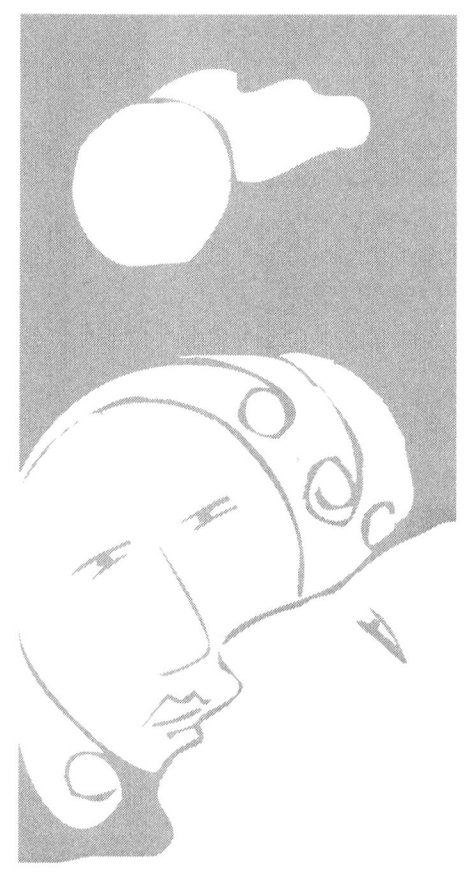

Rundes Aufgehobensein

Kugeln
Monde
rundes Aufgehobensein,
Wörter, Sätze
hängen
an Telefondrähten,
lösen sich,
trudeln
vertrauensvoll
in einsame Abende,
trösten,
lassen
die Seele
mondhell leuchten.

Traumnächte

Träume
Nächte
Traumnächte
Nachtträume,
alles verwischt,
wie Meer und Horizont
ineinander verwoben,
helldunkler Tag,
nachthelles Dunkel,
die Seelenträume
tagwandeln
nachtwandeln
wohin?
Alles verwischt sich.

Tulpenfäden

Orangerote Tulpenfäden
ziehen
durch meine Sinne
nach einem
Sonntagnachmittag
im Kino.
Ein Film rollt ab
in meinem Kopf,
durchzogen von
Zartheit,
vertrauensvoller Zuneigung,
Zärtlichkeit,
einfach so,
nichts Spektakuläres.
Jeder Kinosessel
war besetzt
an diesem Sonntagnachmittag
mit Menschen,
die genau wie ich
in ein Gefühlsbad tauchten,
für zwei Stunden.

Der eilige Uhrzeiger

Ich wünsche mir,
daß der eilige Uhrzeiger
erstarrt,
die eilende Zeit
erstarrt,
wie die Lavamassen
eines Vulkans,
wenn ich dich berühre,
meine Lippen
deine Haut streicheln.
Ich wünsche mir,
daß du alles bist
der Uhrzeiger
die Zeit
der Vulkan,
dann ist alles möglich.

Vorfreude

Wahrnehmen
empfinden
bemerken
eines Augenblicks:
Heute morgen
ein frühlingsahnender Blick
über wintersonnenbeschienene Felder,
ein Vogel
badet in einer Pfütze,
flügelgeschlagene
glitzernde Wassertropfen
benetzen die Wiese
und einen Augenblick lang
meine Gedanken
in Vorfreude
auf den Sommer.

Jede Woche wieder

Der Akku ist leer,
Stille
Sehnsucht
fällt ins Leere,
warten,
es kommt nichts mehr,
warten,
jede Woche wieder
auf ein Klingeln,
auf diese geliebte
vertraute Stimme,
immer nur kurz
ich denk an dich
bis ganz bald...
Stille
allein
mit einer Liebe,
einer Sehnsucht,
die nicht erklärbar,
aber auch nicht
zu ändern ist.

Lindenblütenduft

Weiche Sommerluft
umschmeichelt
mein Gesicht,
meinen Körper,
ich spüre deine Hände
bei geschlossenen Augen.
Lavendel- und
Lindenblütenduft
benebeln meine Sinne,
Gedanken
segeln wie Wattewölkchen
dahin,
wo Himmel und Meer
sich verweben.

Schmetterlinge

Schmetterlinge
schwirren
durch
blaue
bienenverliebte
Blüten.
Sommerlüfte
wecken
Sehnsüchte
nach Meer
nach Wellen
nach Einssein
mit dir.

Nachttraumkugeln

Scherenschnittbäume
umarmen
einen orangenen Himmel
früh am Morgen.
Nachttraumkugeln
schwingen im Wind,
zieren
den Anfang des Tages,
die Sonne
taucht schwarzes Geäst
in Gold,
und ich bin sicher,
alles wird gut.

not available

Der Mond
schaukelt durch mein Gesicht,
zwischen Wolken
aufgehängt
an Gedankenfäden.
Wagenladungen
voller Sehnsucht
setzen sich
in Bewegung,
fahren wohin?
Der Empfänger ist bekannt,
but not available
at present.

Abendstimmung

Regenfeuchter Park,
maigrüne Abendstimmung,
fühlbare Nähe
nur du und ich.
Ein Blätterdach
undurchdringlich,
tief neigt es sich über
regenglitzernde Vergißmeinnicht
edelsteinteppichgleich,
kurzes Verweilen
unter graublauen, weißen Wolkenfetzen,
ein Hauch von einem
Regenbogen,
nie war ich dir näher
als heute.

Regentropfen

Regentropfen,
tropfenglänzende Durchsichtigkeit
auf einem Blütenblatt
erinnern
an einen Nachmittag
im Park
mit dir,
Seelenleuchten,
tropfenglänzendgleich
poliertes Glück
dich zu lieben.

Ein geschenkter Tag

Einen Tag lang
einen wahrgewordenen Traum
leben,
nur du und ich,
pure Nähe,
einssein
im Fühlen und Denken,
nur du und ich,
wahrgeworden
an einem geschenkten Tag.

Liebestrunken

Wolkenwohlige
wunderbare Gedanken
fliegen
durch meinen Kopf,
Hände
Berührungen
Nähe
vibrierende Haut,
mond-
und liebestrunken
fahren wir
durch die Nacht
und hoffen
auf bald,
auf ganz bald.

Im Ich

Meer
Mond
Malven
Liebe
im Ich
Sehnsucht
nach dem Dich
Kinderurvertrauen
was mal war
und irgendwann
abhanden kam.
Meerwasser
Mondphantasien
Malvenblütenträume
begleiten mich
auf dem Weg
nach dem Dich.
Wo bin ich jetzt?
Ganz sicher im Ich.